SCHUMANN
El album de la juventud

SCHUMANN
El album de la juventud

COMENTARIOS Y RECUERDOS

Dr. Adalberto García de Mendoza

1932

Editora: Elsa Taylor.
Fotografía de la Portada: Gigi Taylor
Manitas en la Portada: Emma Zuckerman

Número de Control de la Biblioteca del Congreso de EE. UU.:		2014914014
ISBN:	Tapa Blanda	978-1-4633-9016-7
	Libro Electrónico	978-1-4633-9017-4

Este libro fue impreso en los Estados Unidos de América.

Fecha de revisión: 02/09/2014

Para realizar pedidos de este libro, contacte con:
Palibrio LLC
1663 Liberty Drive
Suite 200
Bloomington, IN 47403
Gratis desde EE. UU. al 877.407.5847
Gratis desde México al 01.800.288.2243
Gratis desde España al 900.866.949
Desde otro país al +1.812.671.9757
Fax: 01.812.355.1576
ventas@palibrio.com
618098

Índice

Nota.- Los números entre parentesis señalan orden creciente de dificultad.

UNAS PALABRAS

Roberto Alejandro Schumann.

Músico alemán, nacido en Zwiekan el 8 de junio de 1810 y murió en Endenich en 19 de julio de 1856.

Fue un pianista distinguido y como compositor lleva siempre un sentimiento delicado y profundo a todas sus obras. Sus creaciones se estiman como joyas de íntima filosofía y es el creador de la miniatura munisal en forma de escenas para niños, albumes para la juventud, series como el carnaval, las mariposas etc.. Todas esas miniaturas corresponden a ideas concentradas que no pueden presentarse en grandes desarrollos y que tales parecen cuadros de estupenda imaginación.

Compuso bellísimos lieder o canciones íntimas inspirándose en nobles poetas como Goethe, Byron, Richter. En estas series, una de las más bellas es sin duda la intitulada "Los amores del Poeta".En ella encontramos delicadeza suma, estilo elevado y una multiplicidad de emociones que nos puede llevar al convencimiento de que Schumann es el verdadero músico-poeta.

Sus sinfonías, obras para orquesta y coro, conciertos para instrumentos varios, lieder y sobre todo composiciones para piano le colocan en el lugar más preferente dentro de la corriente romántica, así como Juan Sebastían Bach ocupa el trono en el campo del clasicismo.

Haremos referencia, en esta ocasión a su Album für die Jungend o Album para la juventud, que juntamente con las Kinders cenen o Escenas para niños, son deliciosas composiciones de una inspiración sublime.

DEDICATORIA

Para tí, hijita mía:

Recuerdo con gratitud y cariño a quien sintió profundamente la vida a través de la música y supo dejarte florecitas sonoras en íntimas frases de ensueño.

Tus manos deslizadas sobre el teclado, arrullando la canción; haciendo fantasías llenas de vida que recuerden los cuentos que oyes una y otra vez; amando la delicia de la ilusión y la ingenuidad de los motivos.

Llegarás a tocar la frase sabia y sentida de Bach, el hermoso enramaje de esas melodías que enardecidas, buscan y hallan el luminoso dominio de Dios. Pero, en cambio siempre ten presente que, quien sintió para tu ingenuidad, fue Schumann, el que supo de las noblezas de la línea melódica y recogió a su espíritu para llevarlo a la región de los anhelos intuibles y sublimes.

Pequeñas son estas piececitas. Parecen las flores que en jardines han recogido manitas. Son alegres y tristes. Tienen todos los colores de la Primavera y de la pasión. Saben que durarán solo instantes de vida. Y, sin embargo, siempre tendrán el color nativo a tu vista, llevarán la alegría a tu corazón y dirán la canción de la tierra que es savia del mundo y la oración de la ternura que es un suspiro de eternidad.

KLAVIERSTUCKE

Fur die Jugend
Moderado con sentimiento

MELODIA

Schumann inicia su Album de la juventud con una de las melodías más ingenuas y dulces.

Tus manitas van a tocar una melodía de frases pequeñas, que tiene el encanto de la sencillez.

Mi, re, do, si, la, para descansar en sol.
Sol, fa, mi, do, si, la, sol.

Después células de tres notas con acento al principio de cada una. Células aisladas que contrastan con el legato de las dos primeras ejecutadas al principio y al final.

Esta melodía es una florecita como la que tú cortas en los días en que vas al campo y retozas en praderas o entre malezas. Su olor es apenas perceptible y dura unos instantes, porque es sensible y se muere tan pronto como la has separado de su tallo.

Klavierstucke

für die Jugend.

43 Plèces de piano
pour la jeunesse. | **43 Piano Pieces**
for the young.

Melodie.

R. Schumann, Op. 68.
Componirt 1848.

SOLDATENMARSCH

Soldiers' March

Munter und straff
Solemne y tieso

LA MARCHA DE LOS SOLDADOS

Rígida y pretensiosa es la marcha de los soldados.

Su ritmo es severo, cortadas las notas parecen que desfilan con pasos rígidos y mecánicos. Apenas dos o tres acordes están ligados como un intento de dar aliento a tan severa procesión. Pero inmediatamente, vuelve el ritmo tieso, de madera, de alambre, como acontece con los pequeños soldados que son de cuerda, marcan el paso y después serán guardados indolentemente en su caja de cartón.

Uno, dos, Uno, dos. Ritmo dinámico que el tambor del niño marca con severo gesto para reir de la altivez del soldado tieso y siempre erguido que, en caja de juguetes, será conservado por días o por años, como símbolo de un mundo fantásticamente rígido y ridículamente serio.

Soldatenmarsch

Marche de Soldats.   **Soldiers' March.**

TRALLERLIEDCHEN

Humming Song

Nicht schnell
No rápido.

EL ZUMBIDO ARMONIOSO

Vamos a tocar un trozo de música con melodías bellas, pero oiremos constantemente un zumbido armonioso.

Este zumbido lo produce la nota sol que es repetida constantemente. No nos deja ni un instante y, sin embargo, que bellamente suena.

Ahora no es el sol, es el re alternando con el sol, dos sonidos que se enlazan bellamente. Ya cuando estamos acostumbrados a ellos vuelve el sol a repetirse hasta terminar la melodía.

Debes saber niño, que otro autor, que conocerás mas tarde y que nació en Polonia, también hizo una piecesita semejante y le llamo la Gota de Agua.

Aquí es el zumbador armonioso, si pones cuidado sólo tú lo puedes percibir encontrando en él una deliciosa repetición.

Trallerliedckhen

En fredonnant.   Humming Song.

STUCKCHEM.

Bagatelle

Nicht schnell.
Nada rápido.

BAGATELA

Es el juego de pregunta y respuesta.
¿Qué color te gusta a ti?
A mí todos los colores.
Las frases son preciosas y delicadas.
Tienen la ingenuidad de las estrofas en canción de juego.
No es de sentimiento, sino de placer por el balanceo del
ir y venir, de interrogar y contestar.

Juega niño. Tu canto es delicado y sutil. Lleva el ensueño de tus arrullos y de tus canciones a mi corazón.

Stückchen

FROHLICKER LANDMANN

The Merry Peasant

Frisch und munter.- Libre y gozoso

CAMPESINO ALEGRE

Los primeros rayos del sol van descubriendo la campiña. La nieve ha desaparecido por completo y los bosques renuevan su verde follaje. Todo canta en la naturaleza, la tierra guarda religiosamente el calor del astro rey y los labradores, apenas ha apuntado el día, se dirigen al campo llenos de esperanzas y alegrías.

Van al trabajo sabiendo que han de fructificar la tierra y que la cosecha llevará dicha y placer a todos los hombres.

Cuando la aurora ha matizado con colores tenues toda la campiña, el labrador entona su canción que tiene un espíritu de libertad de placer. No es canción recogida, ni triste, es la palabra que ferborosamente se entona cuando se siente en el alma la dicha tranquila de quien tiene confianza en su destino y recibe en su frente las caricias de un nuevo día.

La canción de Schumann es despreocupada y gozosa, lleva el contacto con el viento primaveral y sale del corazón de quien labra la tierra para hacer fructificar el surco de la vida.

Frohlicher Landmann

von der Arbeit zurückkehrend.

Le gai laboureur · The merry Peasant
revenant du travail. · returning from his work.

Frisch und munter. (M.M. ♩ = 116.)

ARMES WAISENKING

The Poor Orphan child
Langsam.
Lento.

EL PEQUEÑO ABANDONADO

Pobrecito. Un niño ha sido abandonado y no tiene el calor del hogar, la tierna caricia de su madre y la alegría que le proporciona la maquinita o la pelota. Lentamente la melodía se desliza con dolor y en frases cortas nos dice lo mucho que sufre el pequeño abandonado. Dos notas ligadas y tres puntuadas parece que señalan el abandono. Y, más tarde los acordes nos hacen imaginar a un niño sufriendo por falta de refugio y amor.

El pequeño abandonado no está de todo triste, pues nuestros pensamientos son para él y, si lo encontramos en el camino, le prodigaremos lo que necesita y le daremos nuestro gozo en una frase, en un juguete y en una caricia.

El pequeño abandonado entona su canción, llamémosle para que venga a nosotros y de esa manera le quitaremos parte de su pesar y lo tomaremos en nuestros brazos para proporcionarle momentos de goce y felicidad.

Armes Waisenkind.
Pauvre Orphelin.   The Poor Orphan child.

SCHNITTERLIEDCHEN

Reapers' Song

Nicht sehr schnell.
No muy rápido.

LA CANCION DEL SEGADOR

¿Conoces un segador?

Es el campesino que va a recoger su cosecha. Las matas han crecido tan altas que tu puedes perderte si caminas entre ellas.

Con el viento los ases de trigo semejan mares dorados que tienen hondas de belleza y plenitud.

Va el campesino con su segadora cortando poco a poco el fruto de la tierra. Su ritmo es constante y así es la melodía en la que encuentras un movimiento pertinaz que adormecerá tu ensueño y a la vez florecerá en tu ánimo, como el fruto que se recoge en una bella mañana llena de sol.

Schnitterliedchen

Chanson de faucheurs.   Reapers' Song.

Nicht sehr schnell. (M.M. ♩ = 126.)

KLEINE ROMANZE

Little Romance

Nicht schell.
Nada rápido.

PEQUEÑA ROMANZA

Canta niño tu pequeña romanza. Descubre la melodía con nitidez y ejecuta el acompañamiento con suma suavidad.

Es bella esta romanza y nos invita a cantarla con entusiasmo. En un momento lanzamos un grito de alegría. Es vibrante como cuando encontramos lo que hemos perdido y más queremos.

Pero nuevamente recoges tu entusiasmo para que la romanza no se vaya a escapar como la mariposa y siempre la conserves guardada en el cofrecito de tu ilusión.

Kleine Romanze

Petite Romance.   Little Romance.

LANDLICHES LIED

Rustic Song

Im mässignen Tempo.
En tiempo moderado.

CANCION DEL ALDEANO

El canto de los aldeanos es sencillo y armonioso, tiene el encanto de lo ingenuo y la manita derecha del niño nos va a ejecutar sola, la melodía con sus acordes armoniosos y sus frases llenas de color.

Pero es necesario que el canto del aldeano sea también entonado por el eco de la campiña y de las flores, y es entonces, cuando la mano izquierda acompaña a la derecha y se oye una melodía más llena de alegría, floreciente, como son las almas felices.

La melodía que sigue es bella y tiene la delicadeza de la creación que los campesinos elevan a Dios en la mañana cuando la aurora resplandece y despierta el día.

Al terminar la canción del aldeano, vuelve el canto primero, con la delicia de un mundo ingenuo y feliz.

Ländliches Lied.

Chanson Pastorale.   Rustic Song.

Im mässigen Tempo. (M.M. ♩ = 104.)

V. A. 2888.

Langsam und mit Ausdruck zu spielen. (M. M. ♩=88.)

Langsamer.

Im Tempo.

Etwas langsamer.

VOLKSLIEDCHEN

National Song

Im klagenden Ton
En tono quejoso.

CANCION POPULAR

La melodía lleva una pequeña nostalgia. Es así el canto del pueblo porque sabe guardar en su corazón el recuerdo de los mejores tiempos y la dulce tristeza de sus alegrías y bienestares.

Es la canción que se coge en las barriadas pobres, no tiene la despreocupación de la danza frívola, guarda en cada acento un hay de su sentimiento y en cada frase un motivo de añoranza.

La canción popular de Schumann en re menor entona este himno al sentir popular, pero no bien está envuelta la melodía en esta capa de tristeza, cuando la arroja a un lado y el movimiento vivo y alegre danza el pueblo con el espíritu de quien quiere vivir el momento entregado en aras de una felicidad instantánea.

Parece como una mariposa que vuela fugaz de una flor a otra, como los rayos solares que se incrustan entre el follaje de los árboles en el bosque, como la sonrisa de un niño en el retosar de su juego.

Termina la canción popular con nuevo recogimiento, como la palabra tranquila y amorosa del abuelito que llama al niño a recogerse en el hogar, como la tarde silenciosa que aleja en el ocaso los rayos solares; la nube que hace alejar a la mariposa a un refugio cuyo nombre no sabemos y cuyo lugar ignoramos.

Canción popular que es flor arrojada en lo más intimo del espíritu del pueblo.

Volksliedchen.

Petite chanson populaire.   **National Song.**

EIN CHORAL

Hymn

Freue dish, o meine Seele.
Feliz tu, oh mi alma.

CORAL

En el coral ha puesto Schumann la nota:

"Feliz tu, oh mi alma"

Ciertamente, sus acordes se deslizan con una suavidad verdaderamente deleitosa. Da la impresión de esa tranquilidad suma que llega a nosotros cuando oímos el sonido bellamente profundo del órgano en la oración de la tarde. Los períodos melódicos compuestos de cuatro compases siempre, nos llevan a momentos de meditación y reposo.

¡Como se siente el encadenamiento de una armonía bella y tranquilamente reposada! Cada frase es una plegaria que no requiere ninguna fuerza de sonoridad para hacer sentir la intensidad de la emoción. Es la palabra fluida de la madre que conduce al niño por el camino del sueño a la vista del santuario.

Termina con un acorde de la mayor simplicidad para que nuevamente rememoremos la frase de Schumann:

"Feliz tú, oh mi alma!"

Ein Choral

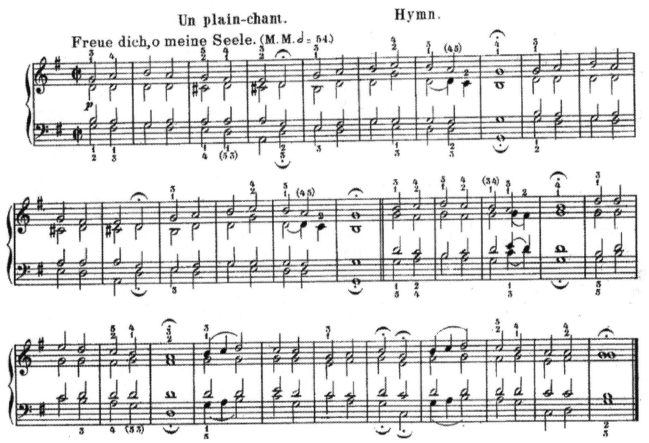

JAGERLIEDCHEN

A little Hunting Song

Frisch und frohlich
Fragante y gozoso

LA CANCION DEL CAZADOR

Es toda alegría. El unísono lleva una simplicidad absoluta pues nos recuerda en sus intervalos el toque de la trompeta de caza, el brioso trotar de los caballos y la algarabía de los perros que saben usmear en la maleza a la fiera caída.

Su movimiento es fragante y gozoso. Al principio hay intervalos de cuarta suficientemente acentuados, después los de quinta le dan mayor fuerza y plenitud. Se siente la despreocupación de la carrera en el bosque a través de esas notas picadas. El clamor de la trompeta y de los disparos en el fortísimo, y a continuación una débil melodía como la duda que tiene el cazador de si ha logrado su intento.

Todo es placer, lleno de briós y salvaje, como el que lleva el cazador que busca en la floresta al animal que sabe ocultarse detrás de peñascos o en las más tupidas y frondosas regiones del bosque.

Alienta niño, con tu espíritu, el canto de este cazador que alegre va por los campos en el trotar de su caballo, rodeado de perros valientes y ágiles y con el entusiasmo que le impregna la voz vibrante y argentina de la tropa.

Jägerliedchen.

Petite chanson de chasseurs.   A little Hunting Song.

WILDER REITER

The Wild Horseman

Lebhaft.
Vivo.

EL PEQUEÑO JINETE

Un pequeño jinete cabalga en brioso corcel.

Da vueltas y hace que el caballo se pare de manos, trota y corra loco de entusiasmo.

Este pequeño jinete nos va a enseñar a cabalgar sin caernos y a correr en los campos con toda libertad.

Las notas puntuadas nos están llamando al juego. La primera es la mano derecha después la izquierda, que es también ágil y, por último, la misma mano derecha.

¡Que hermoso es trotar con alegría en el campo abierto y como ríe el pequeño jinete en su brioso corsel!

Wilder Reiter.
Cavalier sauvage.   The wild Horseman.

V. A. 2688.

SICILIANISCH

Sicilian Air

Schalkhaft.
Malicioso.

CANCION SICILIANA

La Isla de Sicilia está muy cerca de la península itálica. Es la más floreciente del mediterráneo. Siempre están alegres sus habitaciones pues las aguas del mar la bañan con dulzura y en ellas florecen los más bellos jardines.

La canción de la siciliana lleva un ritmo bellísimo, parece que estamos en un valero y que las olas del mar nos mecen y arrullan.

De pronto cambiamos el ritmo recordamos ideas felices y traviesas. Nuestra imaginación nos conduce a tierra en un vértigo de fantasía.

No obstante, volvemos al baibén que nos da nuestro velero y seguimos con el mismo ritmo de deleite y placer.

Sicilianisch.
Sicilienne. Sicilian Air.

Vom Anfang ohne Wiederholung bis zum Schluss.

KNECHT RUPRECHT

Saint-Nicolas

Le bhaft.
Vivo.

EL REY RUPERTO

Con fuerza y frenesí nuestras dos manitas van a presentarnos al Rey Ruperto. En el unísono, en semicorcheas y después en corcheas acentuadas, el Rey Ruperto, como un fantasma, se presenta. Va y viene. De esa manera bajan las notas y suben después, siempre vibrantes como el coraje que tenemos cuando representamos al héroe o al caballero.

Sin embargo, hay un momento en que se nos presenta el misterio y preguntamos que significa el Rey Ruperto. Tocamos suavemente y, aún más, nuestra mano interroga con insistencia quien es el Rey Ruperto.

Pero en este momento vuelve la aparición con todo furor y el coraje se adueña de nosotros hasta llegar a los últimos acordes que los damos con fuerza para demostrar al Rey Ruperto que no le tenemos miedo y que somos valientes, aún sin saber quién es, ni de dónde viene.

Knecht Ruprecht.
Saint-Nicolas.   Old Bogie.

MAI LIEBER MAI

May beautiful May

Bald bist du wieder da !

Mayo, mi querido mayo,
Te recibo con mi alegria

MAYO

Schumman escribió al principio de este trocito musical,
las siguientes frases:

Mayo, amado y querido mes.
Te recibo con toda mi alegría.

Ciertamente el poeta hace que recibas esta melodía con el placer más sincero de que eres capaz. Su delicadeza es suma, pues notarás que existen sonidos puntuados y otros ligados.

Los primeros no son sueltos y aislados como los que hiciste en el canto del jinete, sino dulcemente tañidos como si fueran hechos en cítara o harpa.

Tus manitas constantemente se preguntan una y otra y se contestan. Es una conversación entre ellas, íntima y delicada.

En ocasiones solo es eco lo que hace tu mano izquierda como remedando la frase de tu hermana la derecha. Sin embargo, de cada una brota su voz y ambas entonan el cántico de alegría para el querido mayor.

Recuerda que el mes de mayo es el de las flores, de la primavera y tu melodía es así plácida, como corresponde a un hermoso paisaje primaveral.

Las dos frases de esta canción la sentirás con alegría y un suspiro dejarás escapar cuando termines en la placidez de este canto lleno de dulzura y placer.

Mai, lieber Mai,...
Bald bist du wieder da!

Mai, cher mois de Mai,...
Bientôt tu reviendras!

May beautiful May,...
How soon art thou here again!

Nicht schnell. (M. M. ♪ = 144.)

KLEINER MORGENWANDERER

The Little Wanderer

Frisch und Kraftig.
Libre y vigorozo

PEQUEÑO ESTUDIO

Manos ligeras de quienes han estudiado con cuidadoso afecto. El pequeño estudio hace mover las dos manos como el sube y baja en el campo de juego. Cada vez que toca una mano sus tres notas, surge una voz deliciosamente dulce.

Las notas deben ser transparentes como el mejor cristal, las frases deben llevar el aliento de algo fugaz o íntimo.

La modulación es blanda y tiene el aspecto de esas veredas que conducen a la contemplación de bellos panoramas y magníficos bosques y llanuras.

¡Con que fluidez se deslizan los dedos del niño! Hay ternura en cada sonido, pero también hay un juego secreto que tiene palabra de aliento y un dulce murmullo en cada compás.

Corre niño que tus manos no tropiecen y que el piano suene como las campanitas que has oído en sueños o como los gorgeo que han embelezado la dulce brisa de la mañana primaveral.

Kleine Studie

Petite Etude.   **A Short Study.**

Leise und sehr egal zu spielen.(M.M. ♩.= 116.)

DR. ADALBERTO GARCÍA DE MENDOZA

15

ERSTER VERLUST

First Loss

Nicht Schnell
Nada rápido

PRIMER DOLOR

¿Dónde está mi muñeca?

No lo se. Exclama otra vez.

Vuelve a preguntar la niña sin salir de la duda.

Sus palabras son dolorosas.

Es la primera pérdida que no tiene contestación.

Es el primer dolor que quiere salir y en cambio, se esconde en un rinconcito de nuestro corazón.

Sin embargo, no termina en angustia, hay una esperanza al final, pues los acordes son bellos y dulcemente acariciadores en la coda, como la voz de nuestra mamacita, como la canción de una nueva ilusión.

Erster Verlust.
Premier Chagrin.   **First Loss.**

FRUHLINGSGESANG

Spring Song

Innigs zu spielen
íntimo en la ejecución.

LA CANCION DE PRIMAVERA

La primavera ha llegado. Los árboles han tirado las hojas secas y se cubren de un verde tierno y hermoso. Las golondrinas anuncian la estación más bella. Los pajarillos trinan en la enramada y todos sentimos el ansia de retozar en el césped, llegar al riachuelo y bañarnos los pies, gozar del sol y perseguir las mariposas que saben esconderse detrás del jazmín o del tulipán.

Así es la canción de primavera de Schumann.

Es íntima y alegre, tiene la fuerza de la belleza gozada en nuestro espíritu. No la cantes con aspereza, siéntela con el mismo placer que acaricias una flor cuyos pétalos de color rojos o azul te iluminan y confortan. Siente la felicidad de cuando aspiras el viento sano y vigoroso de la pradera y del bosque, la humedad del riachuelo y la vista de la montaña.

Renace en tu alma con un goce ingenuo y sencillo, ya que están oyendo el segundo motivo de la canción de primavera, frase exquisita que parece caer del cielo para llegar al rincón más oculto de tu corazón.

Frühlingsgesang.

Chanson de printemps.   Spring Song.

16

Innig zu spielen. (M.M. ♩=60.)

NORDISCHES LIED

Northern Song

Im Volkston
En aire popular.

CANCION NORDICA

Debes saber que los hombres del norte de Europa son vigorosos, aman el trabajo y cantan con placer.

La canción que Schumann te ha escrito está llena de este gozo.

En los pueblos que habitan estos campesinos, sus templos están rodeados de casas y jardines bellos. En los domingos las notas del órgano y las voces de los creyentes salen de los templos e inundan la campiña.

La canción nórdica tiene la placidez de un alma sencilla y a la vez el recogimiento fervoroso de quien entona himno a Dios.

Entona esta canción, con el mismo espíritu de los hombres nórdicos cuyas almas están llenas de fervor religioso y sienten el deleite de la naturaleza con singular y atrayente felicidad.

Nordisches Lied.

Chanson du nord.   Northern Song.

Im Volkston. (M.M. ♩=92.) (Gruss an G.ᵉ-Hommage à G.ᵉ-Greeting to G.ᵉ)

* Gade.   V. A. 2888.

FIGURIRTER CHORAL

Figured Choral

CORAL FIGURADO

Tiene la riqueza de sus acordes.

Las octavas plañen con dulzura la armonía del coral.

Que bellas brotan estas amplias figuras que despúes han de ser adornadas con intermedias melodías.

Tu corazón rebosa de placer, las cadencias constantes te conducen a momentos felices de reposo; y a pesar de todo, tu corazón late de alegría a medida que el coral avanza con el fulgor luminoso de sus acordes.

Hay momentos en que en contrapunto dos melodías cantan como jilguero y zenzontle. ¡Que diafanas sus voces! Pero… al instante, vuélvense a oir los sonidos armoniosos del coral con sentimiento de grandiosidad y profunda llamada al gozo sublime de tu espíritu.

Canta la naturaleza en sus follajes verdes, en sus tierras rojas o pardas, en sus nubes blanquizas y en sus cielos o ríos azulados. Así el coral, en un conjunto de luces, forma paisajes de encantamiento.

Cuando cantas remedando al pájaro que se oculta en la floresta; perece que todo calla para oir tus voces y gorgeos; y despúes, vuelve a florecer el paisaje con más esplendor y sigue la senda de tu devoción.

Figurirter Choral

Choral figuré.   Figured Choral.

KLEINER MORGENWANDERER

The Little Wanderer

Frisch und Kraftig
Libre y vigorozo.

EL PEQUEÑO VAGABUNDO

Es la alegría del niño que va al campo muy de mañana. Todo canta en la naturaleza. Las flores se han abierto y lucen sus mil colores. La aurora ilumina a los campos y a los bosques. Los labradores van a sus trabajos rebosando salud y contento. La pradera exhala olor a yerba fresca y mojada. La brisa es suave y llena nuestros pechos.

El vagabundillo de la mañana retoza en el camino. Tiene en momentos tristeza por los niños que no gozan de este placer, se quedan dormiditos sin que la brisa los aliente, ni las flores les den sus bellos colores, ni el paisaje les entregue su esplendor.

Pero el vagabundillo de la mañana, retoza alegre y vivaz, canta con deleite y lleno de felicidad. Parece un gilguero por su canto y una mariposa por su carrera fugaz.

Schumann te entrega en esta pequeña obrita, su placer y su alegría de cuando era niño y salía todas las mañanas al despuntar el alba con la dicha en su corazón.

18

Kleiner Morgenwanderer.

Promenade matinale.   The Little Wanderer.

Frisch und kräftig. (M. M. ♩ = 126.)

ERNTELIEDCHEN

Harvest Song

Mit frohlichem Ausdruck.

LA CANCION DE LA COSECHA

El campesino ha puesto todo su esfuerzo en sembrar la tierra y ahora estamos en los meses de otoño.

Los campos están invadidos por las espigas y hay fruto en cada una.

Van a cosechar los campesinos los que sembraron y su corazón se desborda de alegría por tanto bienestar.

La canción de la cosecha es vivaz, sus frases están llenas de gozo y tú sentirás que se repite con un ritmo tan alegre que te hace feliz.

Hay unas notas puntuadas y con apoyaturas que nos hacen retozar con algarabía y unas pequeñas disonancias como los gritos de tu placer, como las sonrisas de tu boca.

Vas entonces lentamente pero al final lanzarás un grito de gozo al sentir que la naturaleza te ha entregado en los frutos, todo su bien y todo su amor.

Ernteliedchen.
La Moisson.   Harvest Song.
Mit fröhlichem Ausdruck. (M.M. ♩.= 80.)

SCHNITTERLIEDCHEN

Reapers' Song

Nicht sehr schnell
Nada rápido

CANCION DEL SEGADOR

Que alegre canción. Su ritmo estremece. Su melodía nos llena de gozo. La mano derecha entona la frase, la izquierda se contagia y canta lo mismo.

Todo es placer, las frases brotan como las flores en la mañana, de entre el césped y la maleza; como el rocío cristalino en los pétalos de la rosa.

Hay un descanso a nuestra alegría... y sin embargo, vuelve la primera sonrisa a nuestros labios, el olor de violeta, el rayo de luz, el grito bullicioso del hermanito: todo un mundo de felicidad.

Canta niño y dale por nombre a esta canción la voz de mi madrecita.

Schnitterliedchen

Chanson de faucheurs.   Reapers' Song.

Nicht sehr schnell. (M.M. ♩.=126.)

ERINNERUNG

Remembrance

4 de Noviembre 1847.
Aniversario de la muerte de Felix Mendelssohn.

Nicht schnell und sehr gesangvoll zu spielen.
Lento. Melodioso.

RECUERDO

Sí. Recuerdo de un poeta de la canción. Se llamó Felix Mendelsson. Hizo muchas melodías con ritmos exquisitos. Llamo a muchas de sus canciones con nombres sugerentes. Pero con el tiempo los niños le fueron olvidando y ahora el poeta del piano los recuerda con grato placer.

La obrita que toca es muy parecida a las suyas. ¿Distingues la melodía? ¿Notas como los arpegios de tu mano izquierda son dulces y recogen amorosamente el canto de tu mano derecha?

Qué dulce recuerdo para un músico de tal notable producción. Qué embeleso para hacerlo vivir en el sentimiento de su alma y de tus anhelos fervorosos de belleza.

Recuerda niño a los que te han cantado y han sufrido por ti. Pero han sido felices con tu alegría y tristes con tu desgracia.

Erinnerung.
Souvenir.   Remembrance.
(4. November 1847.*)

Nicht schnell und sehr gesangvoll zu spielen.(M.M. ♩ = 56.)

* Todestag Mendelssohn's.
Anniversaire du décès de Mendelssohn.
The day of Mendelssohn's death.

LANDLICHES LIED

Rustic Song

Langsam und mit Ausdruck zu spielen.
Lento con expresión en la ejecución.

CANCION DEL ALDEANO

Es canción de ternura. Lentamente se descubre la melodía con un acompañante delicado y sutil.

Con decisión en la frase, la segunda parte se apaciona y vibra con entusiasmo hasta llegar al final, noblemente, con el arrullo de un tiempo lento.

No tiene nombre. ¿Quieres darle el de una flor humilde y bella, que es deleite a la vista y tiene exquisito olor?.

Me refiero a la violeta.

Es un pensamiento en ropaje de ilusión.

Es una alegría que retoza con la brisa de un suspiro.

Ländliches Lied.
Chanson Pastorale.   Rustic Song.

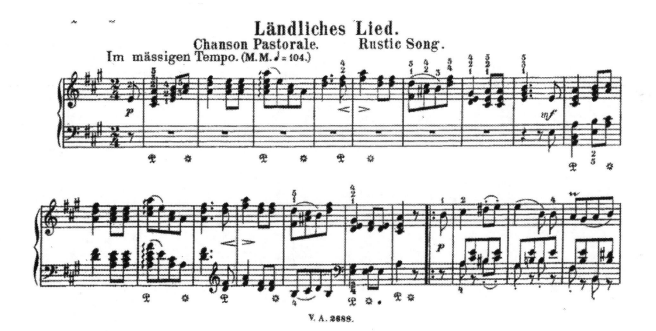

V. A. 2688.

Langsam und mit Ausdruck zu spielen. (M.M. ♩=88.)

Langsamer.

Im Tempo.

Etwas langsamer.

FREMDER MANN

The Stranger

Stark und kraftig zu spielen.
Vigoroso.

EL EXTRANJERO

Fuerte y vigoroso es el hombre de lejanas tierras. Las octavas se siguen con un ritmo intenso y la tonalidad menor deja oir su melancólica frase pero sin llegar a ser profundamente angustiosa.

Aquí encuentras niño: contrastes soberbios. Los acordes que se siguen son suaves y melodiosos y hay el eco tumultuoso que se pierde en la lejanía.

Vuelve a brotar el ritmo, siempre enérgico del hombre que sabe descubrir con su voluntad los mundos y no tiene temor de estar lejos de su patria y de su hogar.

En la coda hay una voz suave que tiene un crescendo magnífico para llegar a tus acordes favoritos. Intempestivamente se oye uno de ellos en la lejanía. Qué bellamente suena!

Termina la coda con la victoria de acentos enérgicos y siempre alentadores.

Es el hombre de lejanas tierras que se irá pronto de nuestra patria para seguir pulsando las cuerdas de su alma en el corazón de la humanidad.

Fremder Mann

L' Etranger.   The Stranger.

Stark und kräftig zu spielen. (M.M. ♩ = 144)

RUNDGESANG

Maessing. Sehr gobunden su spielen.

Moderato. Muy ligado en la ejecución.

REDONDILLA

Las frases sin preocupación se deslizan como las aguas de un arroyo.

Solo instantes tienen de reposo, pero nuevamente siguen su camino.

Va pasando la melodía por entre vergeles de rosales y violetas que buscan el espejo de sus almas en la bulliciosa superficie de sus aguas.

La floresta, a veces, oculta el riachuelo y se oye solo el murmullo en el ambiente para salir después a la pradera y continuar su tierna canción en diálogos de arco iris.

Por eso su primer tema es tierno como el perfume del cesped y el segundo es apasionado como la vida que esparce la luz del sol.

Por fin, piérdese en la lejanía.

¿Percibes a lo lejos el eco de su canción?

Rundgesang

SEHR LANGAMO

Muy lento.

X X X

No tiene nombre. Schumann le ha dejado sin nombre para que tú se lo des. Es una melodía sumamente triste en donde conversan tu mano derecha y tu mano izquierda.

¡Qué bellas frases encuentras, qué apacible murmullo hace vibrar tus sentimientos!

No debes ir rápido, sino siempre lento, como un niño que tiene el cuidado de no maltratar las flores que en el césped han brotado; con la misma delicadeza con que contemplas a una mariposa que alegra tu vista, pero que no la quieres ni debes aprisionar.

Es una melodía sumamente delicada, siempre lenta y tranquila como un descanso a tu juego, como una tregua a tu lucha.

No tiene nombre. ¿Cuál prefieres?

KRIEGSLIED

War Song

Sehr Kraftig.
Violento

CANTO DEL GUERRERO

Estás son las armas en la mano, vas al combate, tus compañeros te esperan para que dirijas la batalla. Allá en el bosque están los contrarios y ya se avecina la hora de la lucha.

Entona el canto del guerrero, con toda fuerza, con todo vigor; no sufras ningún desaliento y combate hasta conquistar la victoria.

Ellos también tienen su canto de guerra, desean el éxito pero tu tienes confianza en tu fuerza y debes vencer en el combate.

Es el canto del guerrero fuerte y vigoroso, como el himno que los soldados aprenden para defender su patria y los hombres para guardar su honor y su libertad.

Nunca entonces este canto de guerra más tarde para martirizar a los hombres o para destruir a los pueblos; canta no sólo para llevar paz y destruir a quienes se atrevan a querer quitar la dicha en los hogares y en las patrias.

Es el canto del guerrero que anuncia que su lucha se avecina. Empuña la espada, ve con arrojo y decisión, obtendrás la victoria y serás feliz.

Kriegslied.

Chanson guerrière.   War Song.

Sehr kräftig.(M.M.♩.=84.)

SHEHERAZADE

Ziemlich langsam, leise.
Bastante lento.

SHERAZADE

Combinando los arpegios se va señalando una tierna frase melódica. Detendrás la última nota de cada arpegio y en ello descubrirás el cuento que en el país del encantamiento se realiza para ti.

¿Recuerdas a la bella durmiente? Así es placida la melodía de este cuento.

¿Recuerdas a Simbad el marino? Así es insinuante el ritmo de este trozo musical.

En tu memoria están los paraísos de Alí Babá y los cuarenta ladrones, Aladino o la lámpara maravillosa, la reina de la nieve y pulgarcito. Todos tienen realidad para tu imaginación y Schumann los recogió en sus momentos plácidos.

Schumann es el poeta de las canciones y de los poemas más delicados y ahora te ofrece su fantasía.

Descubre en este trozo musical el alma más risueña y gozarás en la narración de un cuento que solo es para tí.

Sheherazade

Ziemlich langsam, leise. (M.M. ♩ = 92.)

SHEHERAZADE

Gathering of the grappes – Marry time !

Weinlesezeit – Frohliche Zeit!
Munter
Tiempo alegre y feliz

VENDIMIAS

Lleno de felicidad es como la mariposa que acaricia todas las flores en el vergel.

Sus arpejios se deslizan como los rayos solares en la campiña.

Sus trinos son los besos que la brisa da a las gardenias que han abierto sus olores a la brisa matinal.

Sus destacatos en escalas son sueños que saben recoger el aroma de la melodía.

Es la entrega del fruto de la tierra al esfuerzo del hombre.

Es la época de la vendimia, tiempo alegre y feliz, que lleva en su regazo la vida y en su seno la llamada a una vida ingenua y primitiva.

Recuerda niño, cuando toques con alegría suprema esta piececita, el pensamiento del poeta que te pregunta si también haz sembrado en tu almita la semilla que más tarde dará fruto en la vendimia de tu felicidad.

"Oyelo, cantar y decirle al sembrador de la tierra:
Confiando en tierras los dorados granos
Por verlos a su tiempo germinar;
¿Y al surco de tu espíritu dan tus manos
Actos de tal bondad que, lozanos,
Germinen para ti en la eternidad? " (1)

(1) Verso de Schiller

LIED ITALIENISCHER MARINARI

Italian Mariners' Song

Langsam - Schnell
Lento - Rápido.

CANCION DE LOS MARINEROS ITALIANOS

La llamada a los marineros es lenta y penetrante.

Con rapidez el lanchón los lleva al barco y mientras entonan, al ritmo de las olas, una bella canción.

En terceras, suficientemente punteadas y gozosas suben y bajan tus manitas como la barca sobre las traviezas ondas.

El buque esta llamando a sus marineros y estos mientras llegan a él cantan llenos de gozo esperando estar en alta mar con las olas inmensas por compañía, con los crepúsculos de incencio como sus anhelos y con las auroras florecientes como sus vidas.

Canta tú también alegremente, mientras que tu barca llegue al buque de nuevas melodías, para que puedas recoger tierras extrañas y conocer al mundo y a los hombres que siempre entregan obras bellas y frutos lozanos.

Lied italienischer Marinari.

Chanson de Marins italiens. Italian Mariners' Song.

Langsam. Schnell. (M.M. ♩=112.)

Langsamer.   Schnell.

MIGNON

Handsome

Langsam, zart.
Caluroso

MIGNON

Schumann ha escrito para tí un canto magnífico.

La voz más bella se destaca como la flor en el bosque, como en el canto del pájaro en el murmullo de la aurora.

Nada hay más melodioso y tranquilo, mas lleno de suavidad y a la vez de ternura que Mignon en las de este Album.

Es para tí una búsqueda ingeniosa y alentadora la de la melodía que sabe enredarse por entre muchas notas que le sirven de acompañamiento. Si logras desprenderla de la floresta será un rayo de luz en pleno día, si la descubres en una flor, será una gota de rocío que como lagrimas ha dejado la soledad de la noche.

Hállala, ella es bella como una princesita, tiene el aliento de la brisa y tus manos sabrán entregarla a nuestro corazón.

Mignon.

MATROSENLIED

Sailor's Song

Nicht Schnell
Nada rápido.

CANCION DEL MARINERO

El marinero va en su barco.
Su barco se mece sobre las olas del mar.
El mar no está quieto.
Lo quieto no tiene vida ni amor.

El marinero iza las velas,
son altas y se hinchan con el viento.
Cuando la mar está tranquila,
tranquila camina la barca en el mar.

Las nubes negras en el horizonte,
las nubes negras en el confín
preludian recia tempestad.
El marinero fuerza el timón,
el timón es azotado por el mar.
El barco hunde su proa,
después su popa en el misterioso mar.
El barco se inclina a estibor y babor.
Parece que se hunde y se cubre con las olas del mar.

El marinero en cambio,
lleva el timón con ardor,
espera que la mar se aquiete
y eleva su plegaria de amor.

Ha triunfado el marinero,
ha triunfado del mar
y ahora viene a decirte
lo que puede la confianza del hombre
y la serenidad en la tempestad.

Matrosenlied.

Chanson de matelots.   Sailor's Song.

THEMA

Theme

Langsam. Mit inniger Empfindung.
Lento. Con el más íntimo sentimiento.

TEMA

En pequeños diseños se entrega la insinuación más bella.

Son minúsculas frases que llevan pesar. Suspiros que alientan ternuras opacadas por la niebla de los tiempos.

En un ritmo siempre latente va la ilusión deshojando flores. La senda es salpicada por pétalos de mil colores. En el horizonte hay soledad y la naturaleza, bañada por los últimos rayos del sol, tiene la placidez de un mundo que se entrega al espíritu en todo su ser.

El tema será para un andante o un Adaggio de cuarteto o de trío, pues es íntimo y recogido, como un suspiro de la vida, como una caricia de la soledad.

Lo vivimos con la dulzura de un amor ido, con el arrobamiento de una esperanza imposible.

Thema.

WINTERZEIT

Winter Time

Ziemlich langam
Dolorosamente lento.

CANCION DEL INVIERNO

Con que tristeza se deslizan todos los acordes de esta canción.

Es el invierno que destruye el follaje de los árboles, mata a todos los pajaritos que no tienen tiempo de partir, congela al riachuelo y cubre con su manto blanco la pradera, los valles y las montañas.

Como es triste este canto.

Recuerda que un poeta de allá, del oriente, dijo una vez; se siente más frío cuando se ve una rama rota toda cargada de nieve. Ciertamente, las ramas de la vida han sido rotas por el peso y el frío de la inclemencia.

Con un tiempo lento irás tocando estos acordes, tristes y llenos de recuerdos hasta llegar a la segunda parte de la canción en que, las notas graves al unísono, te van a llevar a un pesar muy sincero y aún mas, a un recuerdo de cosas alegres, pero pasadas.

Sin embargo, no todo en el invierno es tristeza, pues vas a oir un canto vivaz y alegre, es el cuento de tu abuelita que junto a la chimenea te va a relatar lo que pasa en un país de ensueño en donde los gnomos y los duendes juegan traviesos y transportan a los niños a la dicha de su país. Aladino ha encontrado la cueva de las riquezas. La bella durmiente es despertada por el amado que rebosa de juventud y belleza.

Que bello instante... pero a pesar de ello, el invierno llega nuevamente a recordarnos su presencia y las notas graves atormentan nuestras almas para hacer nacer en nuestra imaginación el sufrimiento de la naturaleza que no puede florecer y de aquellos niños que no tienen abuelita que les cuente cuentos, aunque si guardan la esperanza de que algún día el terrible invierno desaparezca y vuelvan a retozar en el campo entonando la canción de la luz y de la alegría.

Winterzeit

L'Hiver.   Winter Time.

Nach und nach belebter.

SILVESTERLIED

New Year's Song

Im massigen Tempo
En tiempo moderato.

CANCION DE NUEVO AÑO

Canción sencilla y deliciosamente tierna.

Hay gozo sin exclamación violenta. Es una esperanza en alma que no tiene dolores ni ha padecido pesares.

Tardecita de nuevo año.

Caminas como la ilusión que debemos tener en el comienzo de toda obra y de todo tiempo.

Hay fuerza en tu segunda parte, la modulación o el cambio de tono es vibrante y enérgica; pero vuelves al primer tema con mayor confianza y entonces levantas a todos los vientos tu oración:

Bendita naturaleza que haz llenado de placer mi ansia de vivir.

Eterno creador que cada día haces florecer mi ensueño y agradezco tus bondades ya recogidas en fruto en el corazón de los hombres de buena voluntad.

Sylvesterlied

Chanson du nouvel an.   New Year's Song.

Im mässigen Tempo. (M.M. ♩ = 66.)

CANONISCHES LIEDCHEN

Canon

Nicht Schnell und mit innigem Ausdruck.
Nada rápido y con íntima expresión.

CANCIONCITA EN FORMA DE CANON

¡Como se lleva esa melodía la dulzura infinita de tu corazón!. Se la repite en forma de canon y conserva siempre su frescura y lozanía.

Descubierta como la campiña en un día primaveral, brota más tarde como eco de nuestro espíritu.

La mano derecha inicia el tema y la izquierda la segunda.

En la segunda parte, inicia el canto la siniestra y con más intensidad la mano derecha la lleva hasta un climax jubiloso, para recordarnos, nuevamente el tema primero y terminar en la lejanía el canto como un eco de nuestra felicidad.

Canonisches Liedchen.

Chanson (en forme de Canon). Canon.

Nicht schnell und mit innigem Ausdruck. (M.M. ♩ = 72.)

KLEINE FUGE

Fughetta

Vorspiel - Lebhatt, doch nicht zu schnell.
Vivo pero no rápido.

PRELUDIO Y FUGA

Hay un momento en que debes ponerte serio.

No jugarás pero si tratarás de semejarte a las gentes mayores.

El preludio y la fuga son cosas serias. Ellas indican que tú ya eres persona de conocimientos y que tu seriedad, aunque momentánea, la tomaremos en cuenta.

No vas a hacer gozar a los niños, tus compañeros, sino a tus papás y a las personas mayores. Tú también disfrutarás porque demostrarás que eres capaz de hacer arte elevado y complicado.

El preludio sirve para preparar a una forma muy difícil de la música, la fuga, tiene la misma tonalidad que ella y descubre ya parte del sentimiento del trozo siguiente.

En la fuga se expone una idea, una melodía. Se llama tema o sujeto. Repásalo varias veces para que notes su belleza:

(1).
¿Verdad que es muy hermoso en la combinación de las blancas y negras y en su ritmo pertinaz?

Ya conocerás otros motivos más tarde de autores sabios que son el deleite de los que conocen música.

Inmediatamente esta idea musical se repite en la dominante o sea la quinta y se llama a esta repetición: Respuesta. A continuación el mismo tema lo encuentras en otra voz que vuelve a repetirlo de manera insinuante.

Kleine Fuge.

Fuguette.   **Fughetta.**

47

Vorspiel. (M.M. ♩=80.)

FUGE. Lebhaft, doch nicht zu schnell.(M.M. ♩.=88.)

REITERSTUCK

The Horseman

Kurs und bestimmt.
Altivo y vigoroso

EL JINETE

Viene corriendo desde muy lejos y apenas oímos el cabalgar, pero a medida que se acerca es más fuerte el ruido. Ya esta cerca de nosotros. Que vigor hay en su ímpetu. Retoza el caballero frente a nuestra vista.

Pero nuevamente se va y cesa el ruido. Extenuadas son ya las pisadas del caballo que van perdiéndose en la lejanía.

Viste, niño, con que gozo llegó, que vigoroso es el caballo y que altivo es el jinete. Parece que el corcel nos iba a atropeyar y sin embargo, diestramente dio la vuelta y ya se alejó.

El día que tú quieras lo volverás a traer y volveremos a gozar de ímpetu del caballo y de la gallardía del caballero.

Reiterstück.
Le Cavalier.   The Horseman.

Kurz und bestimmt. (M.M. ♩ = 112.)

NACHKLANGE AUS DEM THEATER

Recollection of the Theatre

Etwas agitirt.

REMINISCENCIA DEL TEATRO

Se recuerda la alegría ligera y vivaz.
Con ritmo fuerte se descubre el recuerdo.
Nada hay que obscurezca el placer.
Las octavas surgen con violencia.
Hubo felicidad. Una pantomima en el teatro nos hizo gozar.
Pero ahora hay una franca llamada a nuestra ilusión.
Volveremos pronto a disfrutar de la pantomima gozosa y feliz.

(2)

En toda fuga completa encontrarás el contra sujeto, los estrechos, los grupos con divertimentos. La fuga puede ser a tres o cuatro voces. La que ahora ejecutas es a tres. ¿Quién sabe que otra cosa más te pueden decir los sabios de la música?

Por ahora sólo trata de descubrir este primer diseño dondequiera que lo encuentres y de esa manera lucirá tu ejecución.

La fuga es como la luciérnaga en una noche obscura, la verás en cada momento lucir su luz como brillante sobre el césped. En donde menos piensas la luz aparece y a la vez se oculta. Así es la melodía de la fuga, la descubrirás en lugar de la luciérnaga, pero a la vez, se ocultará para que no pueda ser destruida por aquellos niños que no saben tratar las cosas bellas y matan a las mariposas, a los pajarillos y a todo aquello que trae alegría y placer.

Nachklänge aus dem Theater.

Souvenirs du Théâtre.   Recollection of the Theatre.

Etwas agitirt. (M.M. ♩ = 100.)

BIOGRAFÍA DEL
DR. ADALBERTO GARCÍA DE MENDOZA

El Dr. Adalberto García de Mendoza, reconocido como "El Padre del Neokantismo Mexicano". Fue profesor erudito de filosofía y Música en la Universidad Nacional Autónoma de México por más de treinta y cinco años. Escribió aproximadamente setenta y cinco obras de filosofía (existencialismo, lógica, fenomenología, epistemología) y música. También escribió obras de teatro, obras literarias e innumerables ensayos, artículos y conferencias.

Nació en Pachuca, Hidalgo el 27 de marzo de 1900. En 1918 recibe una beca del Gobierno Mexicano para estudiar en Leipzig, Alemania donde toma cursos lectivos de piano y composición triunfando en un concurso internacional de improvisación.

Regresó a México en el año 1926, después de haber vivido en Alemania siete años estudiando en las Universidades de Leipsig, Heidelberg, Hamburg, Frankfurt, Freiburg, Cologne, y Marburg. Ahí siguió cursos con Rickert, Cassirer, Husserl, Scheler, Natorp y Heidegger, de modo que su formación Filosófica se hizo en contacto con la fenomenología, el neokantismo, el existencialismo y la axiología, doctrinas filosóficas que por entonces eran desconocidas en México.

Al año siguiente de su llegada en 1927, inició un curso de lógica en la Escuela Nacional Preparatoria y otros de metafísica, epistemología analítica y fenomenología en la Facultad de Filosofía y Letras. En estos cursos se introdujeron en la Universidad Nacional Autónoma de México las nuevas direcciones de la filosofía alemana, siendo el primero en enseñar en México el neokantismo de Baden y Marburgo, la fenomenología de Husserl y el existencialismo de Heidegger.

En 1929 recibió el título de Maestro en Filosofía y más tarde en 1936 obtuvo el título de Doctor en Filosofía. También terminó su carrera de ingeniero y mas tarde terminó su carrera de Licenciado en Derecho en la Universidad Nacional Autónoma de México. Ingresó al Conservatorio Nacional de Música de México donde rivalizó sus estudios hechos en Alemania y recibe en 1940 el título de Maestro de Música Pianista.

En 1929 el Dr. García de Mendoza hizo una gira cultural al Japón, representando a la Universidad Nacional Autónoma de México. Dio una serie de conferencias en la

Universidad Imperial de Tokio y las Universidades de Kioto, Osaka, Nagoya, Yamada, Nikko, Nara Meiji y Keio. En 1933 la Universidad de Nuevo León lo invita para impartir 30 conferencias sobre fenomenología.

De 1938 a 1943 fue Director del Conservatorio Nacional de Música en México. Aquí mismo impartió clases de Estética Musical y Pedagogía Musicales.

En 1940 la Kokusai Bunka Shinkokai, en conmemoración a la Vigésima Sexta Centuria del Imperio Nipón, convocó un concurso Internacional de Filosofía, donde el Dr. García de Mendoza obtuvo el primer premio internacional con su libro "Visiones de Oriente." Es una obra inspirada en conceptos filosóficos Orientales. Recibió dicho premio personalmente en Japón en el año de 1954 por el Príncipe Takamatzu, hermano del Emperador del Japón.

Desde 1946 hasta 1963 fue catedrático de la Escuela Nacional Preparatoria (No 1, 2 y 6) dando clases de filosofía, lógica y cultura musical. También desde 1950 hasta 1963 fue catedrático en la Facultad de Filosofía y Letras y la Facultad de Ciencias Políticas de la UNAM dando clases de metafísica, didáctica de la filosofía, metafísica y epistemología analítica. También dio las clases de filosofía de la música y filosofía de la religión, siendo el fundador e iniciador de estas clases.

Desde 1945 a 1953 fue comentarista musicólogo por la Radio KELA en su programa "Horizontes Musicales." En estos mismos años dio una serie de conferencias sobre temas filosóficos y culturales intituladas: "Por el Mundo de la Filosofía." y "Por el Mundo de la Cultura" en la Radio Universidad, Radio Gobernación y la XELA.

Desde 1948 a 1963 fue inspector de los programas de matemáticas en las secundarias particulares incorporadas a la Secretaría de Educación Pública. En estos mismos años también fue inspector de los programas de cultura musical, filosofía, lógica, ética y filología en las preparatorias particulares incorporadas a la Universidad Nacional Autónoma de México.

Además fue Presidente de la Sección de Filosofía y Matemáticas del Ateneo de Ciencias y Artes de México. Fue miembro del Colegio de Doctores de la UNAM; de la Comisión Nacional de Cooperación Intelectual Mexicana; de la Asociación de Artistas y Escritores Latinoamericanos; del Ateneo Musical Mexicano; de la Tribuna de México; del Consejo Técnico de la Escuela Nacional Preparatoria de la UNAM y de la Liga de Escritores y Artistas Revolucionarios (LEAR).

Fue un ágil traductor del alemán, inglés y francés. Conocía además el latín y el griego. Hizo varias traducciones filosóficas del inglés, francés y alemán al español.

En 1962 recibió un diploma otorgado por la UNAM al cumplir 35 años como catedrático.

Falleció el 27 de septiembre de 1963 en la Ciudad de México.

TRATADO DE LÓGICA: SIGNIFICACIONES (PRIMERA PARTE)
Obra que sirvió de texto en la UNAM donde se introdujo el
Neokantismo, la Fenomenología, y el Existencialismo. 1932.
Edición agotada.

TRATADO DE LÓGICA: ESENCIAS-JUICIO-CONCEPTO (SEGUNDA PARTE)
Texto en la UNAM. 1932.
Edición agotada.

ANALES DEL CONSERVATORIO NACIONAL DE MÚSICA (VOLUMEN 1)
Clases y programas del Conservatorio
Nacional de Música de México. 1941.
Edición agotada.

LIBROS A LA VENTA

FILOSOFÍA MODERNA HUSSERL, SCHELLER, HEIDEGER
Conferencias en la Universidad Autónoma de Nuevo Leon.
Se expone la filosofía alemana contemporánea a través de estos tres
fenomenólogos alemanes. 1933.
Editorial Jitanjáfora 2004.
redutac@hotmail.com

VISIONES DE ORIENTE
Obra inspirada en conceptos filosóficos Orientales. En 1930
este libro recibe el Primer Premio Internacional de Filosofía.
Editorial Jitanjáfora 2007.
redutac@hotmail.com

CONFERENCIAS DE JAPÓN
Confencias sustentadas en la Universidad Imperial de Tokio
y diferentes Universidades de México y Japón. 1931-1934.
Editorial Jitanjáforea 2009.
redutac@hotmail.com

EL SENTIDO HUMANISTA EN LA OBRA DE JUAN SEBASTIAN BACH
Reflexiones Filosoficas sobre la vida y la obra
de Juan Sebastian Bach. 1938.
Editorial García de Mendoza 2008.
www.adalbertogarciademendoza.com

JUAN SEBASTIAN BACH
UN EJEMPLO DE VIRTUD
Escrito en el segundo centenario de la muerte de Juan Sebastian Bach
inpirado en "La pequeña cronica de Ana Magdalena Bach." 1950.
Editorial García de Mendoza 2008.
www.adalbertogarciademendoza.com

EL EXCOLEGIO NOVICIADO DE TEPOTZOTLÁN
ACTUAL MUSEO NACIONAL DEL VIRREINATO
Disertación filosófica sobre las capillas, retablos
y cuadros del templo de San Francisco Javier en 1936.
Editorial García de Mendoza 2010.
www.adalbertogarciademendoza.com

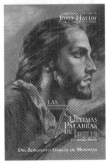

LAS SIETE ULTIMAS PALABRAS DE JESÚS
COMENTARIOS A LA OBRA DE JOSEF HAYDN
Disertación filosófica sobre la musíca, la pintura,
la literatura y la escúltura. 1945.
Editorial García de Mendoza 2011.
www.adalbertogarciademendoza.com

La Teoría de la Relatividad de Einstein

Einstein unifica en una sola formula todas las fuerzas de la Física.
Y afirma que el mundo necesita la paz y con ella se conseguirá la
prósperida de la cultura y de su bienestar. 1936.
Editorial Palibrio 2012.
Ventas@palibrio.com

La Filosofía Judaica de Maimónides

Bosquejo de la ética de Maimónides sobre el problema de la
libertad humana y la afirmación del humanismo, las dos más fuertes
argumentaciones sobre la existencia. 1938.
Editorial Palibrio 2012.
Ventas@palibrio.com

Johann Wolfgang Von Goethe

Obra escrita en el Segundo centenario del nacimiento de Johann
Wolfgang Goethe, genio múltiple que supo llegar a las profundidades
de la Filosofía, de la Poesía y de las Ciencia. 1949.
Editorial Palibrio 2012.
Ventas@Palibrio.com

Las Siete Ultimas Palabras de Jesús
Comentarios a la Obra de Josef Haydn. Segunda Edición

Disertación filosófica sobre la música, la pintura,
la literatura y la escúltura. 1945.
Editorial Palibrio 2012.
Ventas@Palibrio.com

Booz o La Liberación de la Humanidad

Novela filosófica inspirada en "La Divina Comedia" de Dante. 1947.
Editorial Palibrio 2012.
Ventas@Palibrio.com

RAINER MARIA RILKE EL POETA DE LA VIDA MONÁSTICA
Semblanza e interpretación de la primera parte del "Libro de las Horas"
"Das Buch von Mönchischen Leben" de Rilke
llamado "Libro de la Vida Monástica." 1951.
Editorial Palibrio 2012.
Ventas @Palibrio.com

HORIZONTELS MUSICALES
Comentarios sobre las más bellas obras musicales. Dichos comentarios fueron
transmitidos por la Radio Difusora Metropolitana XELA de la Ciudad de
México entre los años 1945 y 1953 en su programa "Horizontes Musicales"
1943
Editorial Palibrio 2012
Ventas@Palibrio.com

JUAN SEBASTIAN BACH
UN EJEMPLO DE VIRTUD. 3RA EDICIÓN.
Incluye El Sentido Humanista en la Obra de Juan Sebastian Bach. 1950.
Editorial Palibrio 2012.
Ventas@Palibrio.com

ACUARELAS MUSICALES
Incluye: El Anillo del Nibelungo de Ricardo Wagner. 1938.
Editorial Palibrio 2012.
Ventas@Palibrio.com

LA DIRECCIÓN RACIONALISTA ONTOLÓGICA EN LA EPISTEMOLOGÍA
Tesis profesional para el Doctorado en Filosofía presentada en el año 1928.
Facultad de Filosofía y Letras de la Universidad Nacional Autónoma de
México. Presenta las tres clases de conocimientos en cada época cultural. El
empírico, que corresponde al saber del dominio, el especulativo que tiene por
base el pensamiento, y el intuitivo ,que sirve para dar bases sólidas de verdades
absolutas a todos los campos del saber. 1928.
Editorial Palibrio 2012.
Ventas@Palibrio.com

EL EXISTENCIALISMO

En kierkegaard, Dilthey, Heidegger y Sartre.
Programa: "Por el mundo de la cultura." Una nueva concepcion de la vida.
Serie de pláticas transmitidas por la Estación Radio México
sobre el Existencialismo. 1948.
Editorial Palibrio 2012.
Ventas@Palibrio.com

FUNDAMENTOS FILOSÓFICOS DE LA LÓGICA DIALÉCTICA

Toda verdadera filosofía debe ser realizable en la existencia humana. Filosofía
de la Vida. En estas palabras está el anhelo más profundo de renovación de
nuestra manera de pensar, intuir y vivir. 1937.
Editorial Palibrio 2012.
Ventas@Palibrio.com

EKANIZHTA

La humanidad debe realizarse a través de la existencia. Existencia que
intuye los maravillosos campos de la vida y las perennes lejanías del espíritu.
Existencia llena de angustia ante la vida, pletórica de preocupación ante el
mundo... Existencia radiante de belleza en la creación de lo viviente y en la
floración de lo eterno. 1936.
Editorial Palibrio 2012.
Ventas@Palibrio.com

CONCIERTOS. ORQUESTA SINFÓNICA DE LA UNIVERSIDAD NACIONAL AUTÓNOMA DE MÉXICO

Henos aquí nuevamente invitados a un Simposio de belleza en donde hemos
de deleitarnos con el arte profundamente humano de Beethoven, trágico de
Wagner, simbólico de Stravinsky, lleno de colorido de Rimsky-Korsakoff,
sugerente de Ravel y demás modernistas. 1949.
Editorial Palibrio 2012.
Ventas@Palibrio.com

NUEVOS PRINCIPIOS DE LÓGICA Y EPISTEMOLOGÍA
NUEVOS ASPECTOS DE LA FILOSOFÍA

Conferencias sustentadas en la Universidad Imperial de Tokio y diferentes
Universidades de Japón y México presentadas entre los años 1931 y
1934, donde se exponen los conceptos filosóficos del existencialismo, el
neokantismo, la fenomenología y la axiología, filosofía alemana desconocida
en México en aquella época.
Editorial Palibrio 2013
Ventas@Palibrio.com

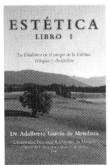

Estética Libro I
La Dialéctica en el campo de la Estética Trilogías y Antitéticos

Esta obra tiene como propósito ilustrar el criterio del gusto, no solo para las obras llamadas clásicas, sino fundamentalmente para comprender los nuevos intentos del arte a través de la pintura y la música, así como también la literatura, la escultura y la arquitectura que imponen la necesidad de reflexionar sobre su aparente obscuridad o snobismo. 1943.
Editorial Palibrio 2013
Ventas@Palibrio.com

El Oratorio, La Misa y El Poema Místico
La Música en el Tiempo

Pláticas sobre los ideales de la Edad Media con el Canto Gregoriano, el Renacimiento con el Mesías de Häendel, el Réquiem de Mozart, la Creación del Mundo de Haydn, el Parsifal de Wagner y la Canción de la tierra de Mahler. 1943.
Editorial Palibrio 2013
Ventas@Palibrio.com

Función social de las Universidades Americanas
Segunda Conferencia Interamericana

Crear una cultura americana es un intento que debe fortalecerse con una actividad eficiente y es propiamente el momento propicio para lograr la unificación humana del proletariado sobre bases de dignidad y superación. 1937.
Editorial Palibrio 2013
Ventas@Palibrio.com

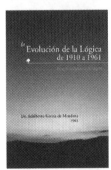

La Evolución de la Lógica de 1910 a 1961
Reseña histórica de la Lógica

Los libros y las clases presentados por García de Mendoza entre los años 1929 y 1933 son de suma importancia ya que presentan nuevos horizontes en el campo de la Lógica y señalan claramente nuevos derroteros en el estudio de ella. 1961.
Editorial Palibrio 2013
Ventas@Palibrio.com

Antología de Obras Musicales
Comentarios

Comentarios sobre las más bellas obras Clásicas Musicales. 1947.
Editorial Palibrio 2013
Ventas@Palibrio.com

Manual de Lógica

Primer Cuaderno

Obra de suma importancia, que señala la urgente necesidad de emprender nuevos derroteros en el estudio de la Lógica. Descubre nuevos horizontes despertando gran interés por el estudio de esta disciplina. 1930.

Editorial Palibrio 2013

Ventas@Palibrio.com

Filosofia de la Religión

La Filosofía de la Religión trata de la existencia y de las cualidades de Dios, de su posición frente al mundo en general y al hombre especialmente y de las formas de la religión, desde los puntos de vista psicológico, epistemológico, metafísico e histórico. 1949.

Editorial Palibrio 2013

Ventas@Palibrio.com

Por el Mundo de la Filosofía

Reflexiones Personales

Conferencias transmitidas por "Radio Universidad" sobre el neokantismo, la fenomenología y el existencialismo, filosofía alemana introducida en México por primera vez en el año de 1927 por el Dr. García de Mendoza. 1949.

Editorial Palibrio 2013

Ventas@Palibrio.com

Fuente de los valores y la sociologia de la cultura

Se establecen las relaciones entre la Ciencia y la Filosofía para darnos cuenta de lugar que debe ocupar la teoría de los valores y el lugar que le corresponde a la Sociología de la Cultura. 1938.

Editorial Palibrio 2013

Ventas@Palibrio.com

Ideal de la Paz por el Camino de la Educación

Reconocer la dignidad, la igualdad y el respeto a la persona humana es el pináculo de cultura que el mundo futuro exige. Toda la guerra ha sido un destrozo a este ideal; toda ella originada por la barbarie y la ambición, ha llevado al hombre a olvidar la dignidad humana, el respeto al ser humano, la igualdad de los hombres. 1946.

Editorial Palibrio 2014

Ventas@Palibrio.com

LÓGICA

Libro de texto publicado en 1932 en la UNAM en donde se introdujo la Fenomenología por primera vez en México en 1929, siendo el autor el primer introductor y animador de la Filosofía Alemana en México, reconocido como "El Padre del Neokantismo Mexicano".
Editorial Palibrio 2014
Ventas@Palibrio.com

SCHUMANN

EL ALBUM DE LA JUVENTUD

Schumann escribió este " Album de la Juventud" que es un conjunto de composiciones musicales de una inspiración sublime, inspiradas en poetas como Goethe, Byron, Richter y otros más.
Editorial Palibrio 2014
Ventas@Palibrio.com